This book belongs to

_____

Эта книга принадлежит

Привет!
Hello!

The Russian alphabet

The Russian alphabet uses the Cyrillic script. It is mainly used in East and South Slavic languages in Europe and Asia.

The Russian alphabet consists of 33 letters. It includes 21 consonants, 10 vowels, as well as a soft and a hard sign.

Consonants:	б, в, г, д, ж, з, й, к, л, м, н, п, р, с, т, ф, х, ц, ч, ш, щ
Vowels:	а, е, ё, и, о, у, ы, э, ю, я
Soft Sign:	ь
Hard Sign:	ъ

In this book you will get to know each Russian letter with examples. You can also write each letter and word yourself and color in each letter with the associated pictures.

Overview

Russian Letter	Name of Letter
А а	a
Б б	be
В в	ve
Г г	ge
Д д	de
Е е	ye
Ё ё	yo
Ж ж	zhe
З з	ze
И и	i
Й й	y, i, j (short i)
К к	ka
Л л	el
М м	em
Н н	en
О о	o
П п	pe
Р р	er
С с	es
Т т	te
У у	u
Ф ф	ef
Х х	kha
Ц ц	tse
Ч ч	che
Ш ш	sha
Щ щ	shsha
ъ	is not pronounced
ы	y
ь	is not pronounced
Э э	e
Ю ю	yu
Я я	ya

A a ___

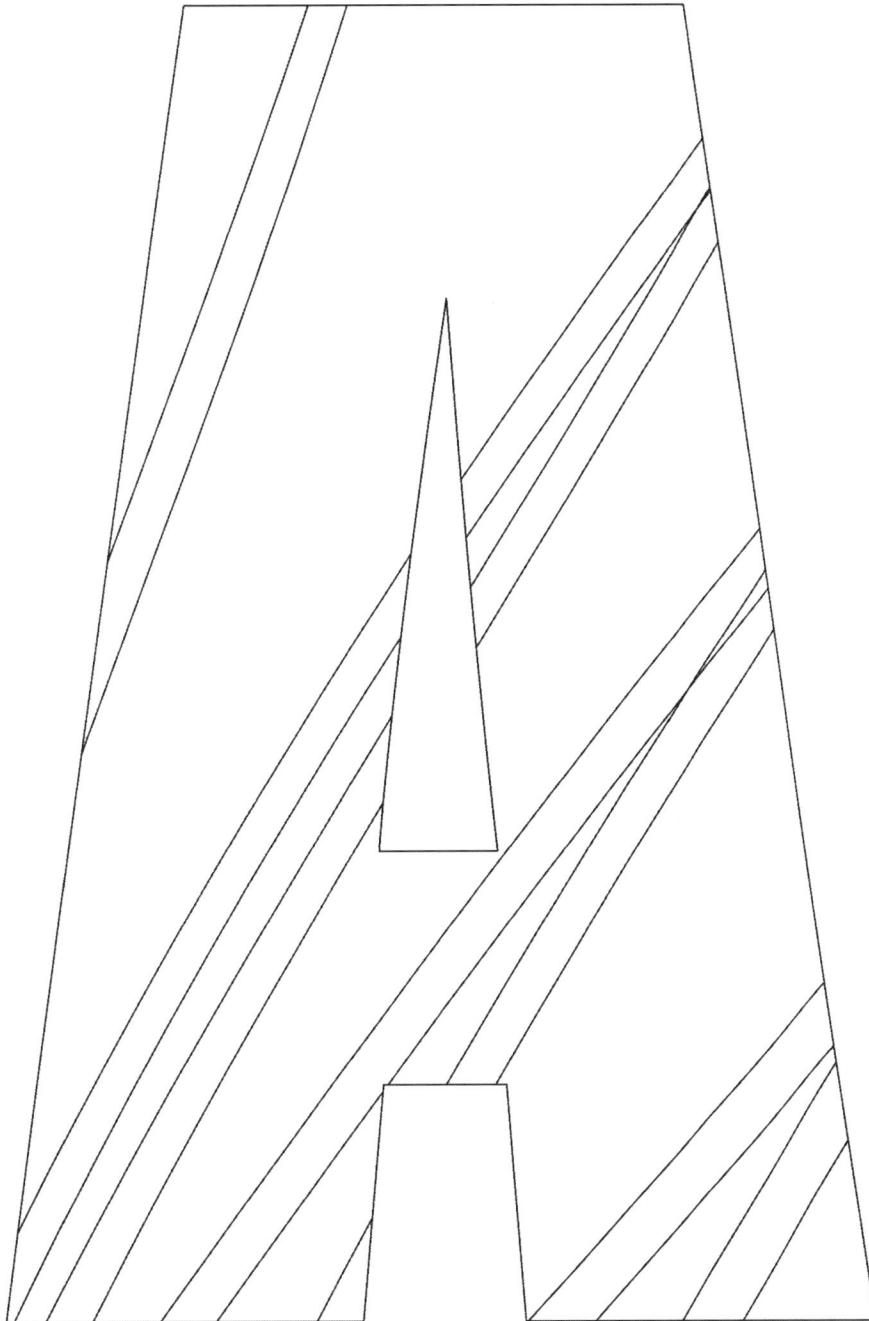

Аа Бб Вв Гг Дд Ее Ёё Жж Зз Ии Йй Кк Лл Мм Нн Оо Пп Рр Сс Тт Уу Фф Хх Цц Чч Шш Щщ ъ ы ь Ээ Юю Яя

Арбуз

Watermelon

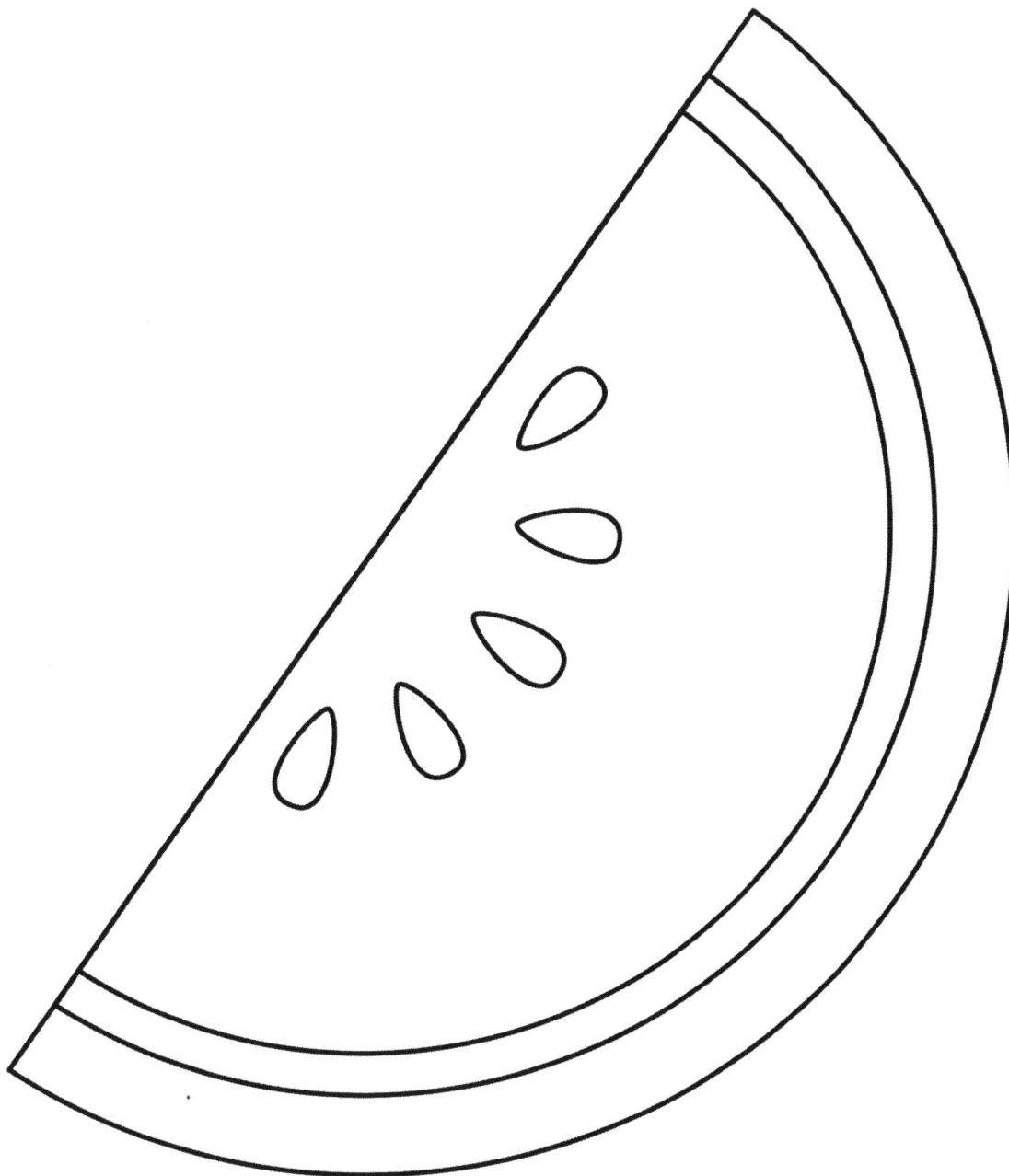

Аа Бб Вв Гг Дд Ее Ёё Жж Зз Ии Йй Кк Лл Мм Нн Оо Пп Рр Сс Тт Уу Фф Хх Цц Чч Шш Щщ ъ ы ь Ээ Юю Яя

Б б ___

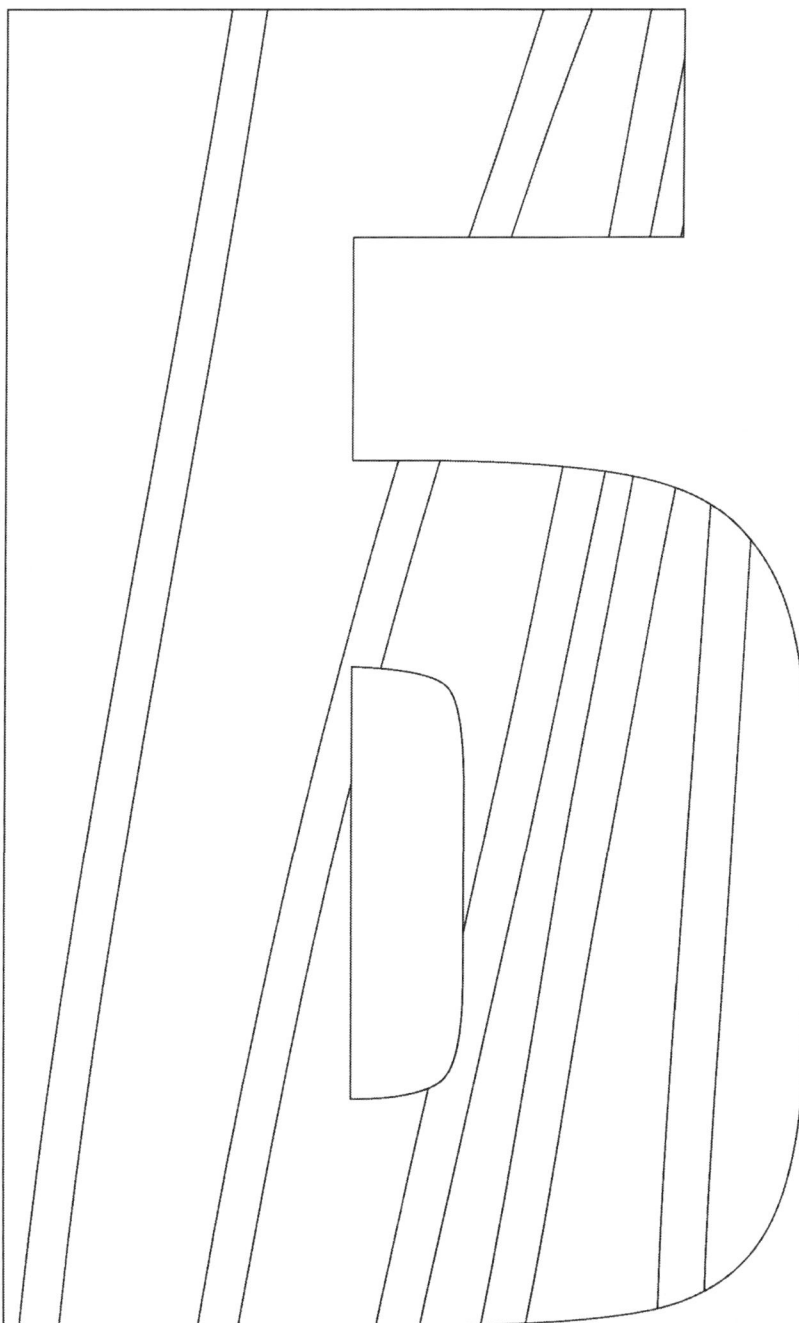

Аа **Бб** Вв Гг Дд Ее Ёё Жж Зз Ии Йй Кк Лл Мм Нн Оо Пп Рр Сс Тт Уу Фф Хх Цц Чч Шш Щщ ъ ы ь Ээ Юю Яя

Бабушка   Grandma

_____   _____

В в

В _____

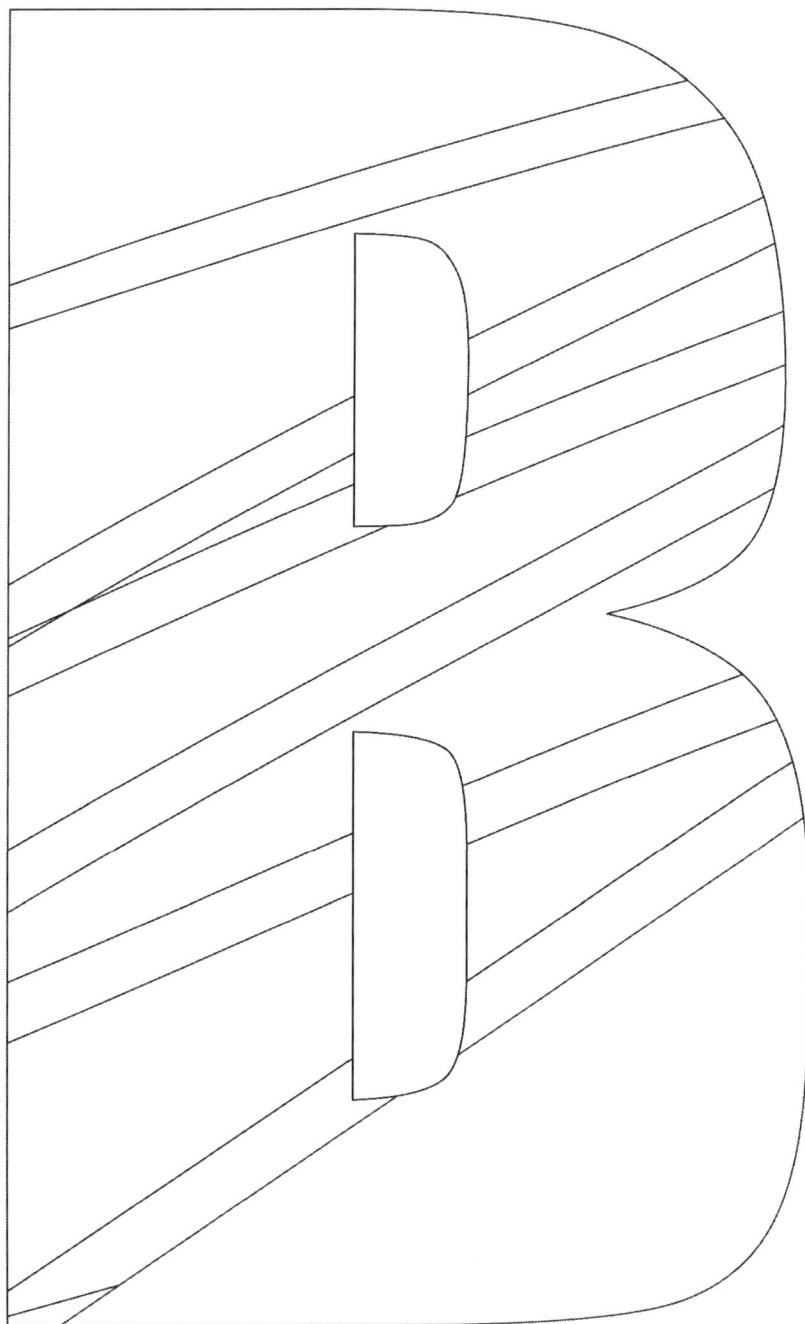

Аа Бб **Вв** Гг Дд Ее Ёё Жж Зз Ии Йй Кк Лл Мм Нн Оо Пп Рр Сс Тт Уу Фф Хх Цц Чч Шш Щщ ъ ы ь Ээ Юю Яя

Волк

Wolf

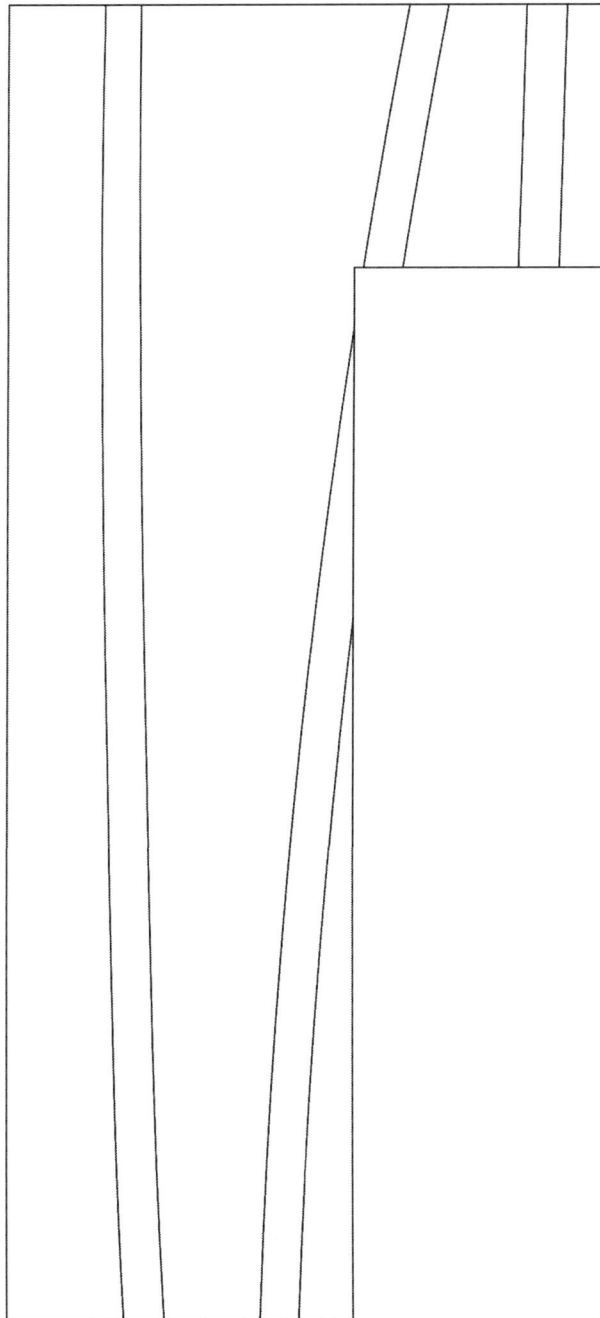

Аа Бб Вв **Гг** Дд Ее Ёё Жж Зз Ии Йй Кк Лл Мм Нн Оо Пп Рр Сс Тт Уу Фф Хх Цц Чч Шш Щщ ъ ы ь Ээ Юю Яя

Гусь   Goose

_____   _____

Аа Бб Вв **Гг** Дд Ее Ёё Жж Зз Ии Йй Кк Лл Мм Нн Оо Пп Рр Сс Тт Уу Фф Хх Цц Чч Шш Щщ ъ ы ь Ээ Юю Яя

Д д ___

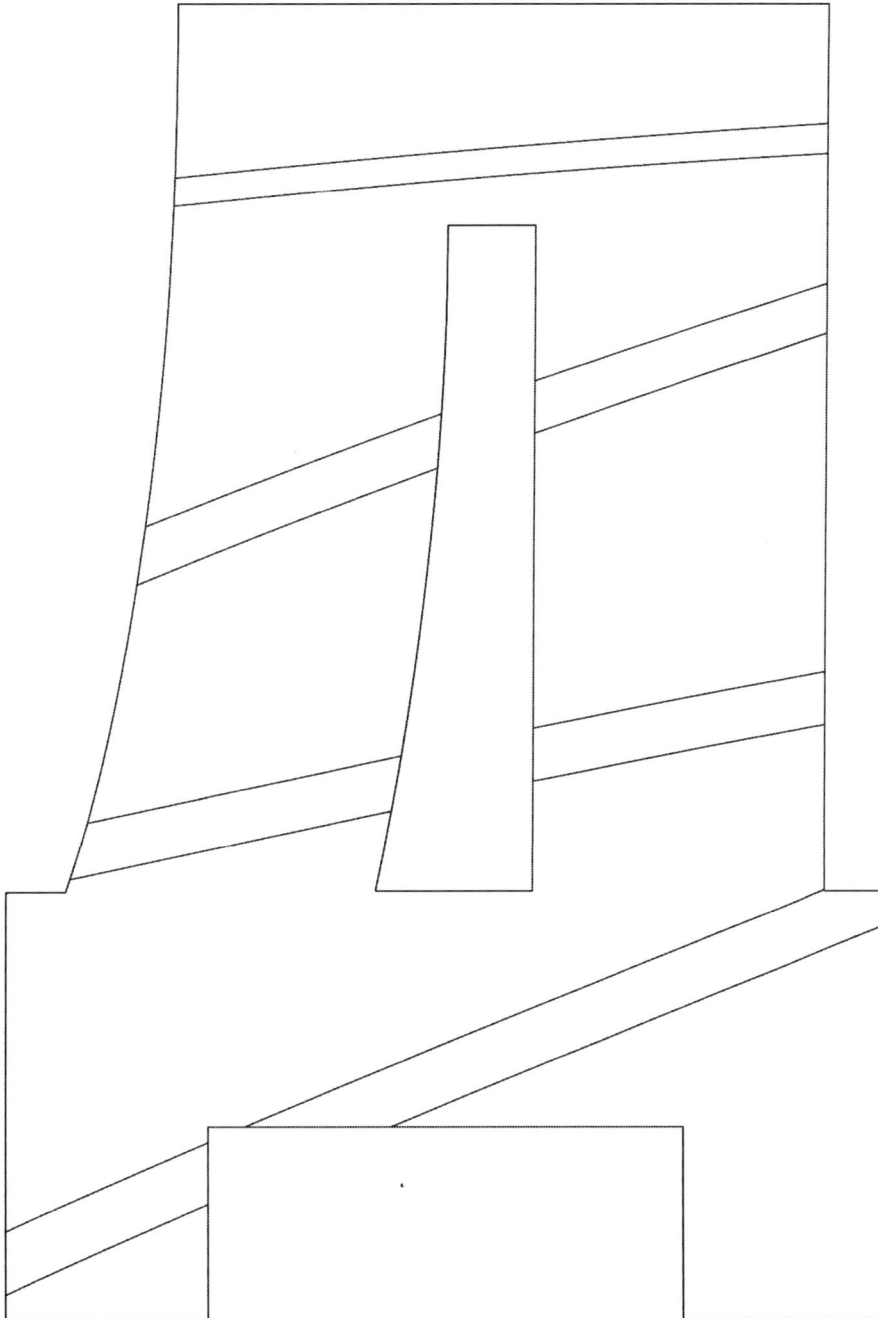

Дом   House

Аа Бб Вв Гг **Дд** Ее Ёё Жж Зз Ии Йй Кк Лл Мм Нн Оо Пп Рр Сс Тт Уу Фф Хх Цц Чч Шш Щщ ъ ы ь Ээ Юю Яя

E e _____

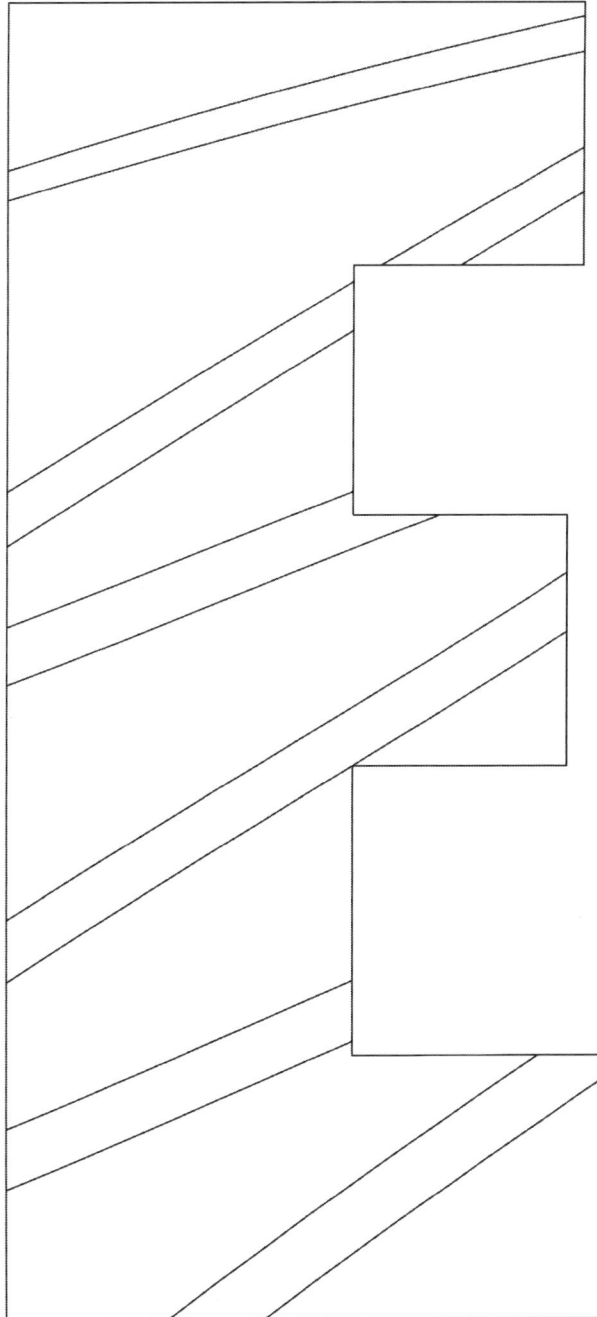

Аа Бб Вв Гг Дд **Ее** Ёё Жж Зз Ии Йй Кк Лл Мм Нн Оо Пп Рр Сс Тт Уу Фф Хх Цц Чч Шш Щщ ъ ы ь Ээ Юю Яя

Ель

Spruce

_____   _____

Аа Бб Вв Гг Дд **Ее** Ёё Жж Зз Ии Йй Кк Лл Мм Нн Оо Пп Рр Сс Тт Уу Фф Хх Цц Чч Шш Щщ ъ ы ь Ээ Юю Яя

Ё ё ___

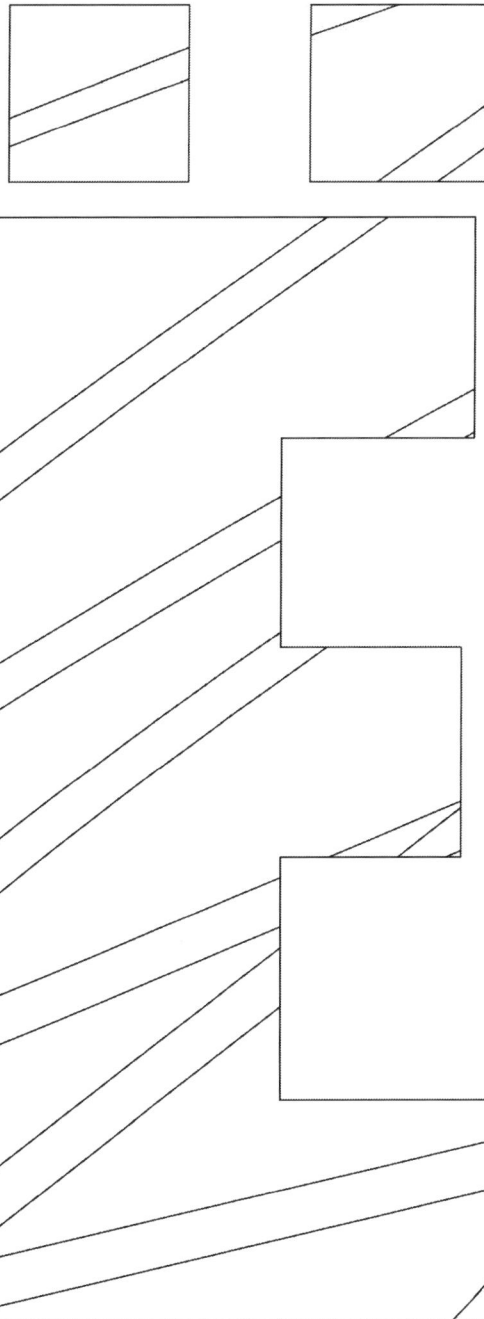

Аа Бб Вв Гг Дд Ее **Ёё** Жж Зз Ии Йй Кк Лл Мм Нн Оо Пп Рр Сс Тт Уу Фф Хх Цц Чч Шш Щщ ъ ы ь Ээ Юю Яя

Ёжик

Hedgehog

Аа Бб Вв Гг Дд Ее **Ёё** Жж Зз Ии Йй Кк Лл Мм Нн Оо Пп Рр Сс Тт Уу Фф Хх Цц Чч Шш Щщ ъ ы ь Ээ Юю Яя

Ж ж _____

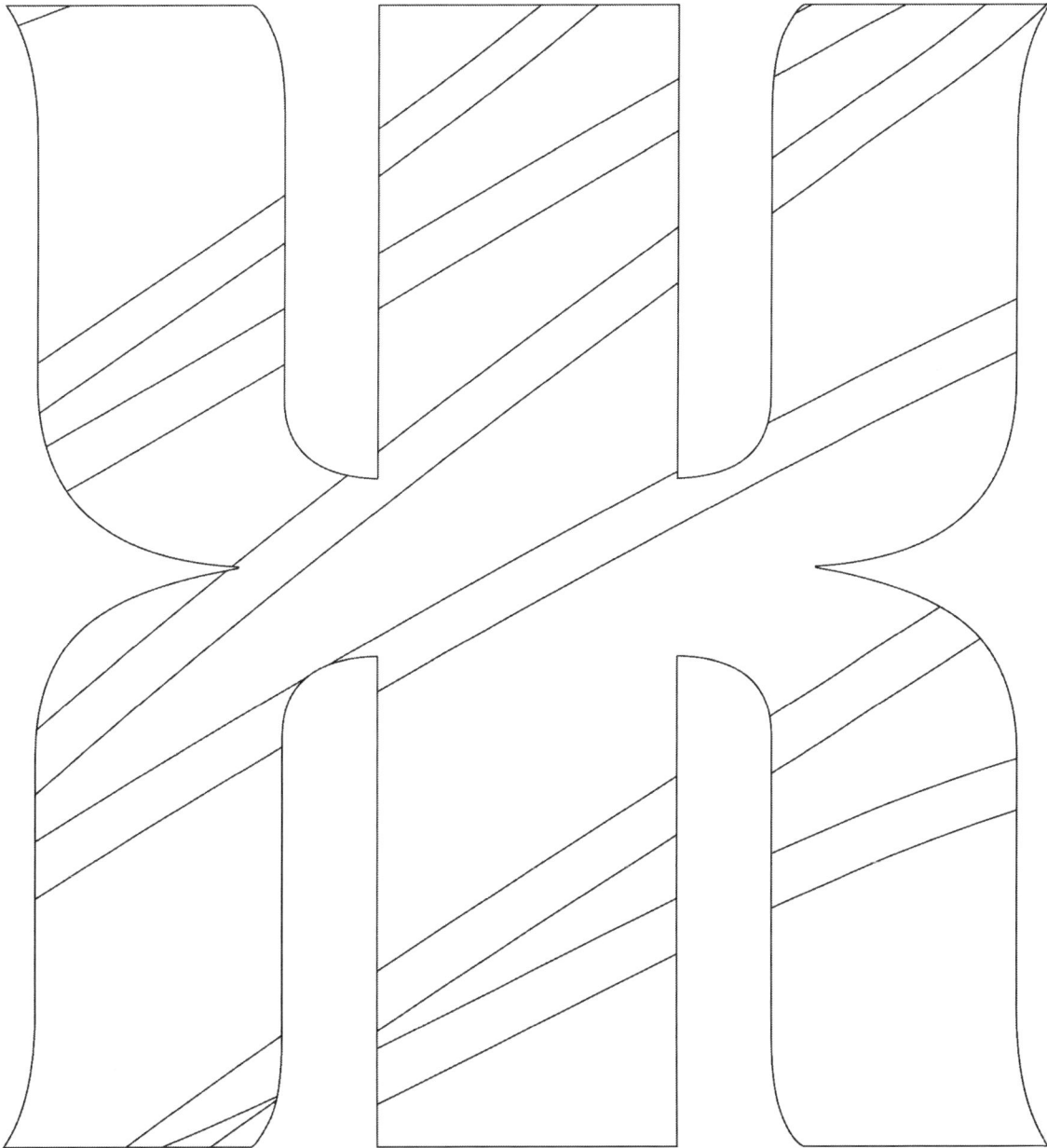

Аа Бб Вв Гг Дд Ее Ёё **Жж** Зз Ии Йй Кк Лл Мм Нн Оо Пп Рр Сс Тт Уу Фф Хх Цц Чч Шш Щщ ъ ы ь Ээ Юю Яя

Жираф

Giraffe

Аа Бб Вв Гг Дд Ее Ёё **Жж** Зз Ии Йй Кк Лл Мм Нн Оо Пп Рр Сс Тт Уу Фф Хх Цц Чч Шш Щщ ъ ы ь Ээ Юю Яя

З з

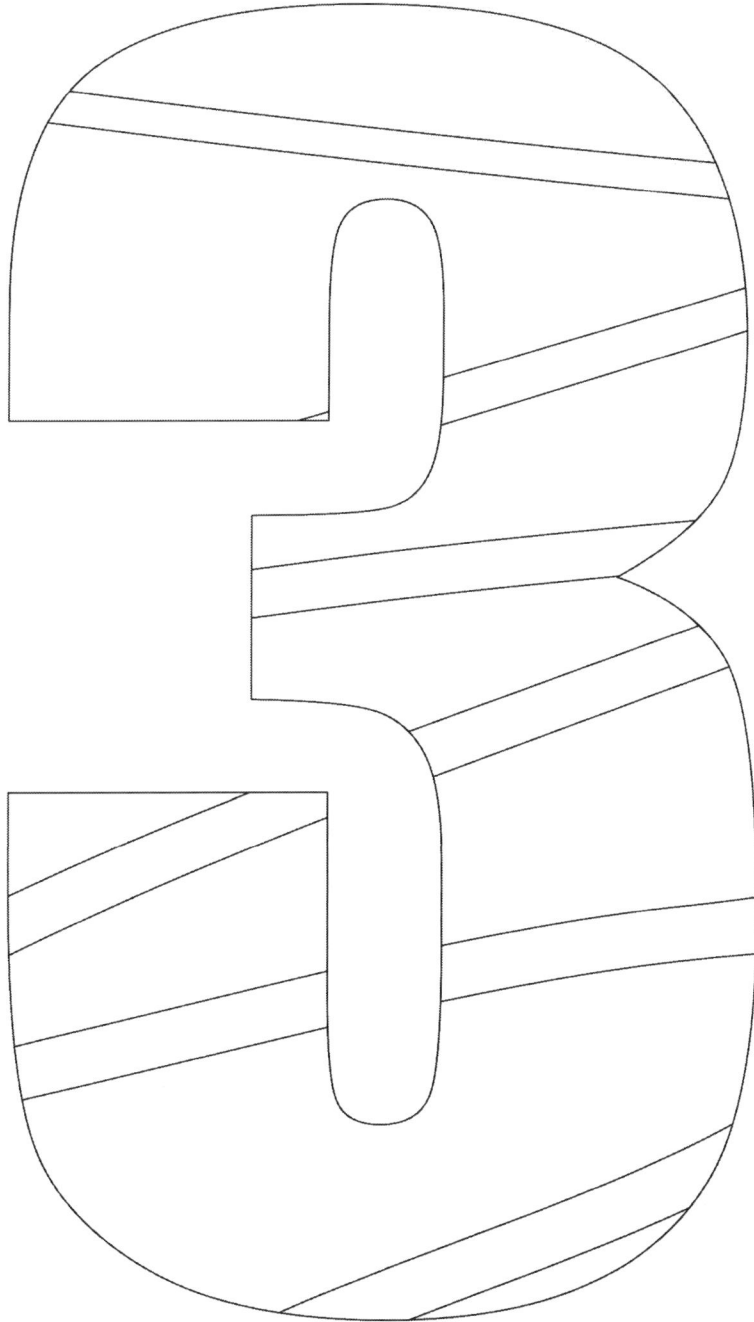

Аа Бб Вв Гг Дд Ее Ёё Жж **Зз** Ии Йй Кк Лл Мм Нн Оо Пп Рр Сс Тт Уу Фф Хх Цц Чч Шш Щщ ъ ы ь Ээ Юю Яя

Зонт

Umbrella

Аа Бб Вв Гг Дд Ее Ёё Жж **Зз** Ии Йй Кк Лл Мм Нн Оо Пп Рр Сс Тт Уу Фф Хх Цц Чч Шш Щщ ъ ы ь Ээ Юю Яя

И и ___

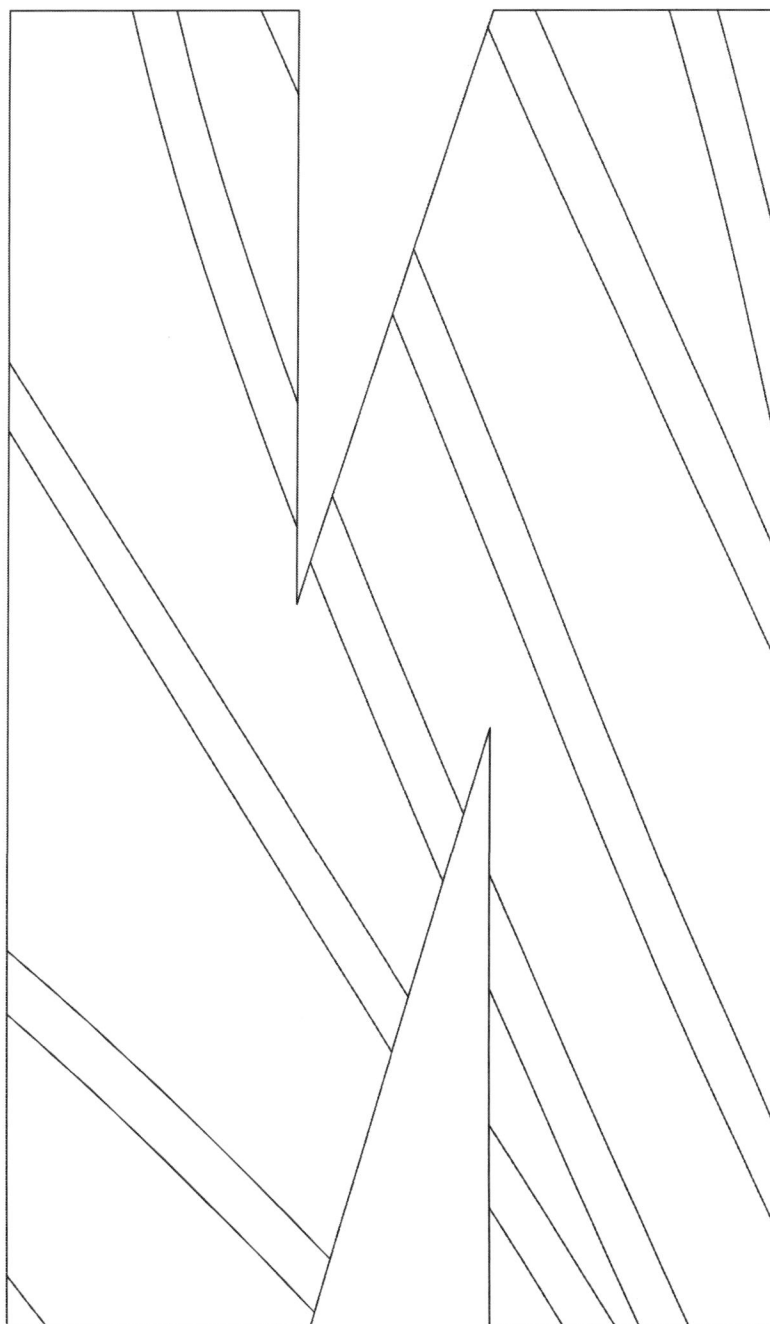

Аа Бб Вв Гг Дд Ее Ёё Жж Зз **Ии** Йй Кк Лл Мм Нн Оо Пп Рр Сс Тт Уу Фф Хх Цц Чч Шш Щщ ъ ы ь Ээ Юю Яя

Игрушка

Тоу

Аа Бб Вв Гг Дд Ее Ёё Жж Зз **Ии** Йй Кк Лл Мм Нн Оо Пп Рр Сс Тт Уу Фф Хх Цц Чч Шш Щщ ъ ы ь Ээ Юю Яя

Й й

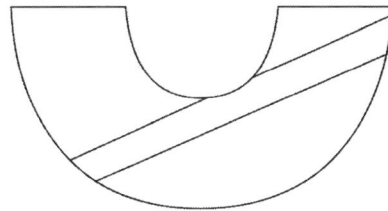

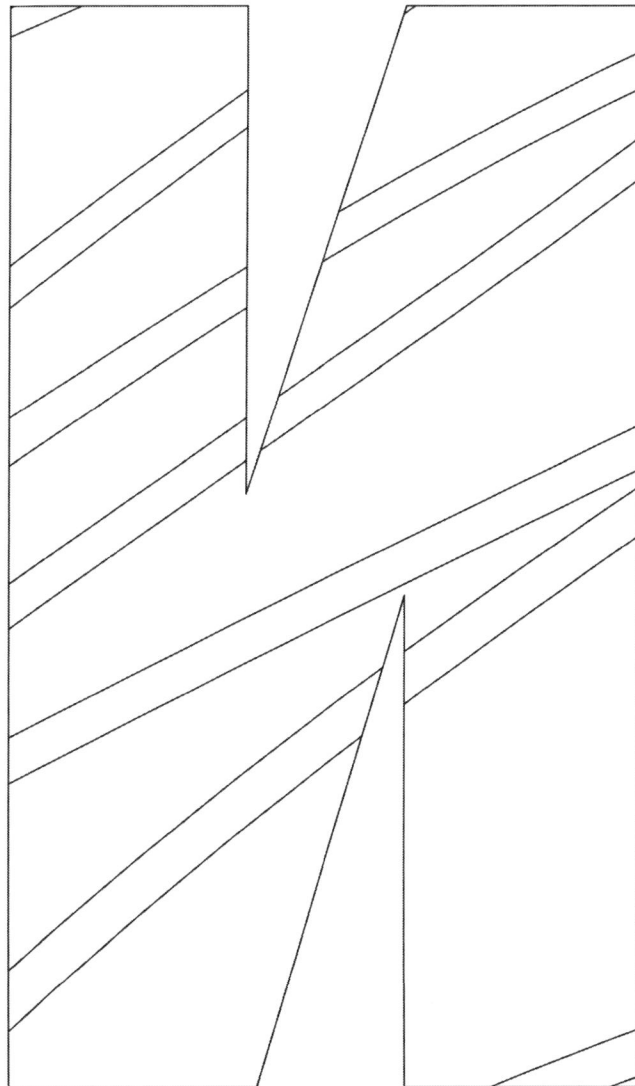

Аа Бб Вв Гг Дд Ее Ёё Жж Зз Ии **Йй** Кк Лл Мм Нн Оо Пп Рр Сс Тт Уу Фф Хх Цц Чч Шш Щщ ъ ы ь Ээ Юю Яя

Йогурт

Yogurt

Аа Бб Вв Гг Дд Ее Ёё Жж Зз Ии **Йй** Кк Лл Мм Нн Оо Пп Рр Сс Тт Уу Фф Хх Цц Чч Шш Щщ ъ ы ь Ээ Юю Яя

К к   ___

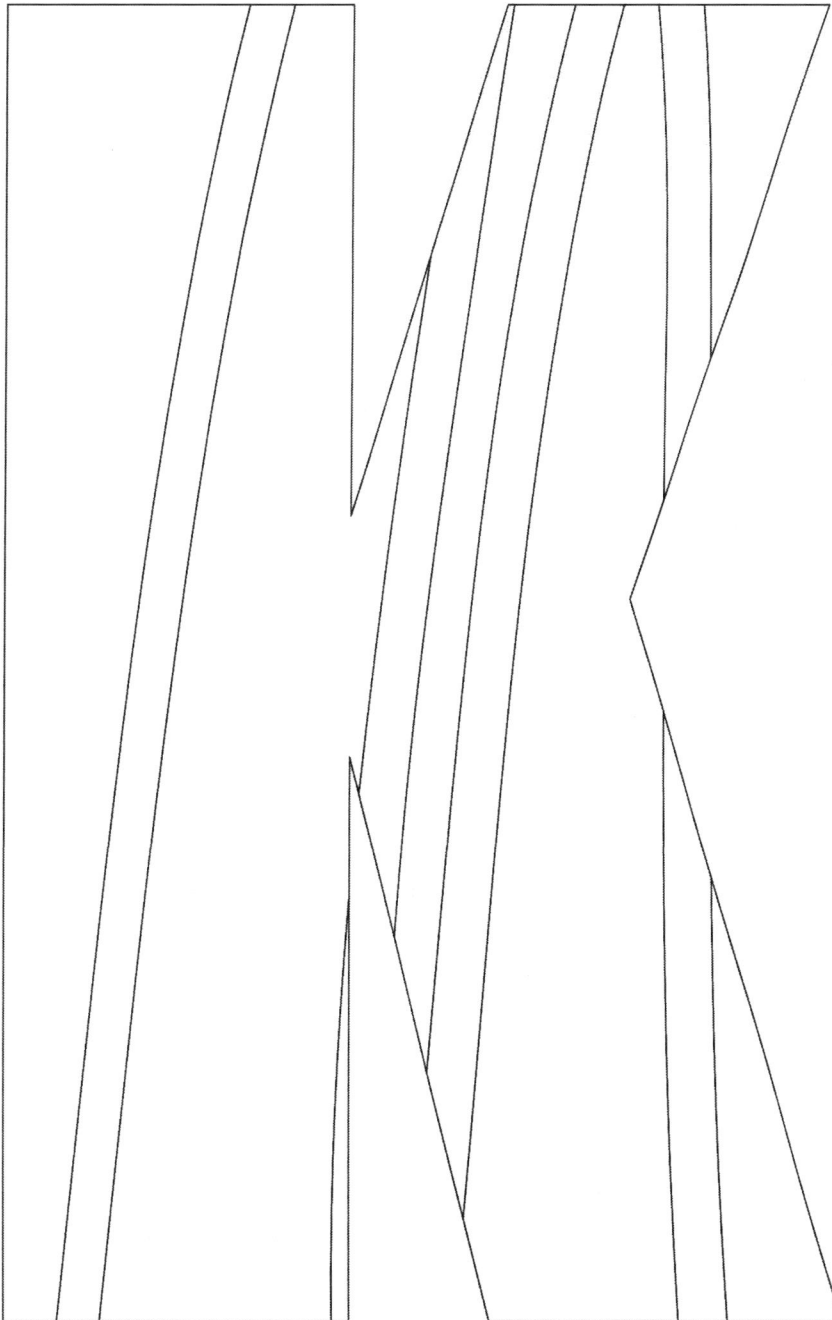

Аа Бб Вв Гг Дд Ее Ёё Жж Зз Ии Йй **Кк** Лл Мм Нн Оо Пп Рр Сс Тт Уу Фф Хх Цц Чч Шш Щщ ъ ы ь Ээ Юю Яя

Кошка

Cat

_____   _____

Аа Бб Вв Гг Дд Ее Ёё Жж Зз Ии Йй **Кк** Лл Мм Нн Оо Пп Рр Сс Тт Уу Фф Хх Цц Чч Шш Щщ ъ ы ь Ээ Юю Яя

Лл

Луна

Moon

_____

Аа Бб Вв Гг Дд Ее Ёё Жж Зз Ии Йй Кк **Лл** Мм Нн Оо Пп Рр Сс Тт Уу Фф Хх Цц Чч Шш Щщ ъ ы ь Ээ Юю Яя

M м ___

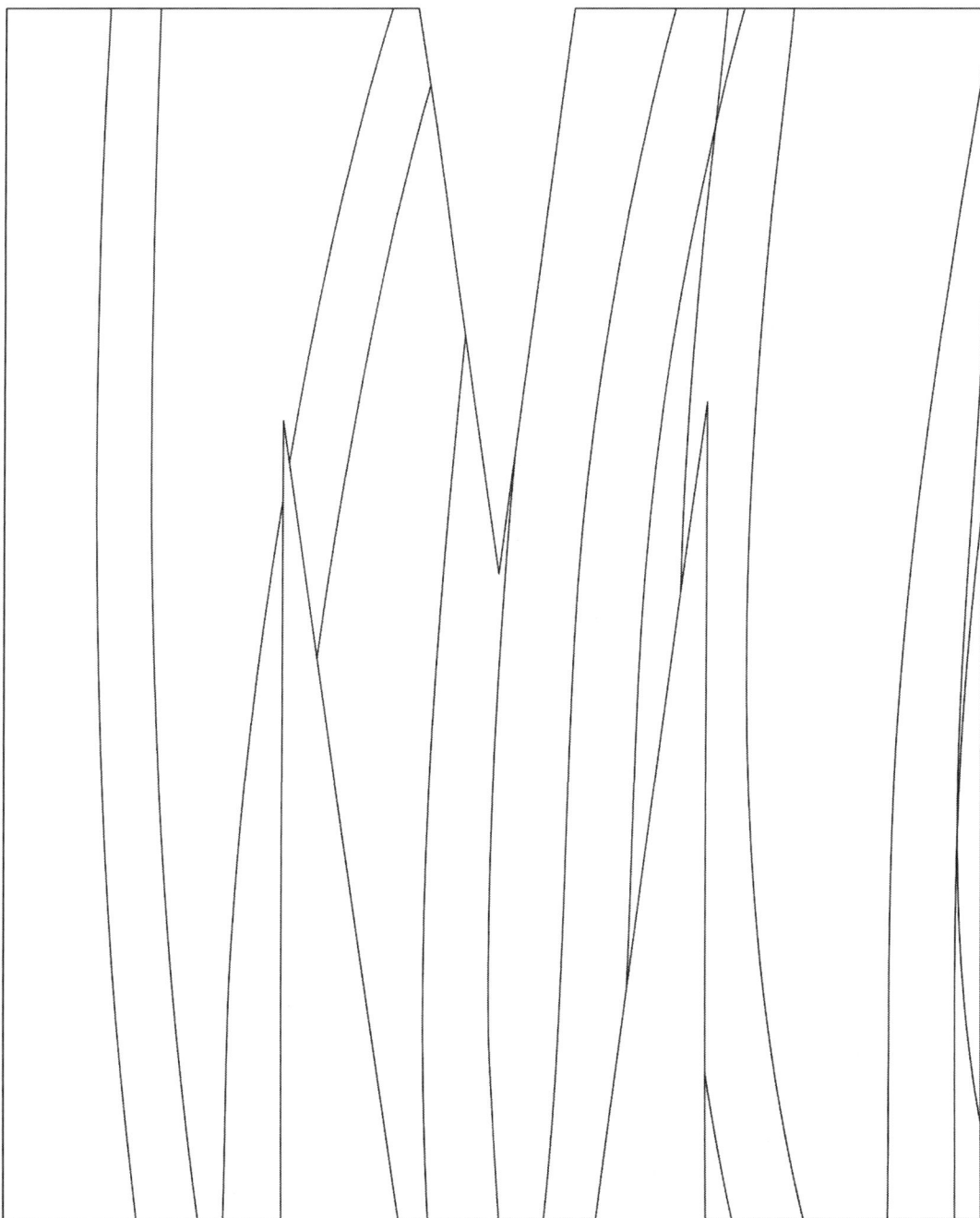

Аа Бб Вв Гг Дд Ее Ёё Жж Зз Ии Йй Кк Лл **Мм** Нн Оо Пп Рр Сс Тт Уу Фф Хх Цц Чч Шш Щщ ъ ы ь Ээ Юю Яя

Матрёшка   Matryoshka

_____   _____

Аа Бб Вв Гг Дд Ее Ёё Жж Зз Ии Йй Кк Лл **Мм** Нн Оо Пп Рр Сс Тт Уу Фф Хх Цц Чч Шш Щщ ъ ы ь Ээ Юю Яя

Н н _____

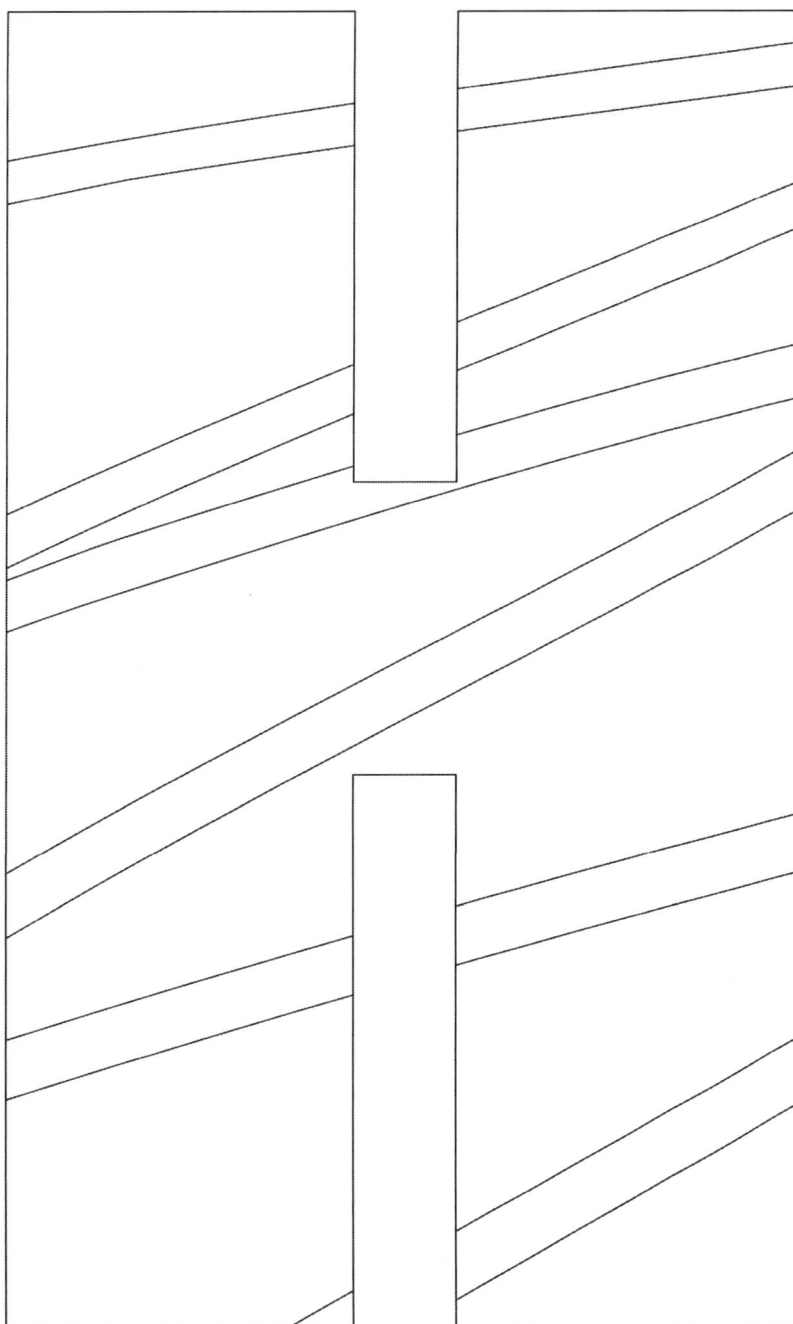

Аа Бб Вв Гг Дд Ее Ёё Жж Зз Ии Йй Кк Лл Мм **Нн** Оо Пп Рр Сс Тт Уу Фф Хх Цц Чч Шш Щщ ъ ы ь Ээ Юю Яя

Ножницы   Scissors

Аа Бб Вв Гг Дд Ее Ёё Жж Зз Ии Йй Кк Лл Мм **Нн** Оо Пп Рр Сс Тт Уу Фф Хх Цц Чч Шш Щщ ъ ы ь Ээ Юю Яя

O o _____

Аа Бб Вв Гг Дд Ее Ёё Жж Зз Ии Йй Кк Лл Мм Нн **Оо** Пп Рр Сс Тт Уу Фф Хх Цц Чч Шш Щщ ъ ы ь Ээ Юю Яя

Огурец   Cucumber

П п _____

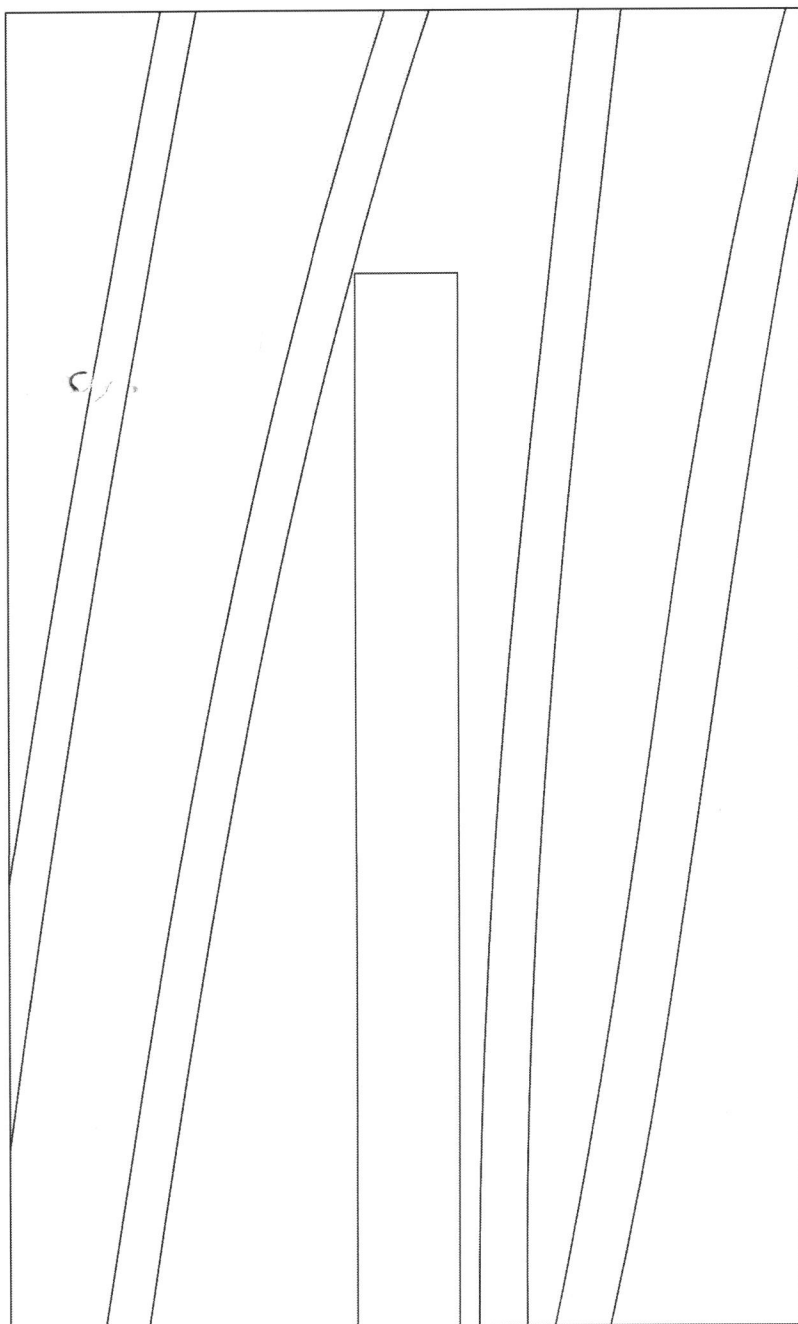

Аа Бб Вв Гг Дд Ее Ёё Жж Зз Ии Йй Кк Лл Мм Нн Оо **Пп** Рр Сс Тт Уу Фф Хх Цц Чч Шш Щщ ъ ы ь Ээ Юю Яя

Подарок

Gift

Аа Бб Вв Гг Дд Ее Ёё Жж Зз Ии Йй Кк Лл Мм Нн Оо **Пп** Рр Сс Тт Уу Фф Хх Цц Чч Шш Щщ ъ ы ь Ээ Юю Яя

P p _____

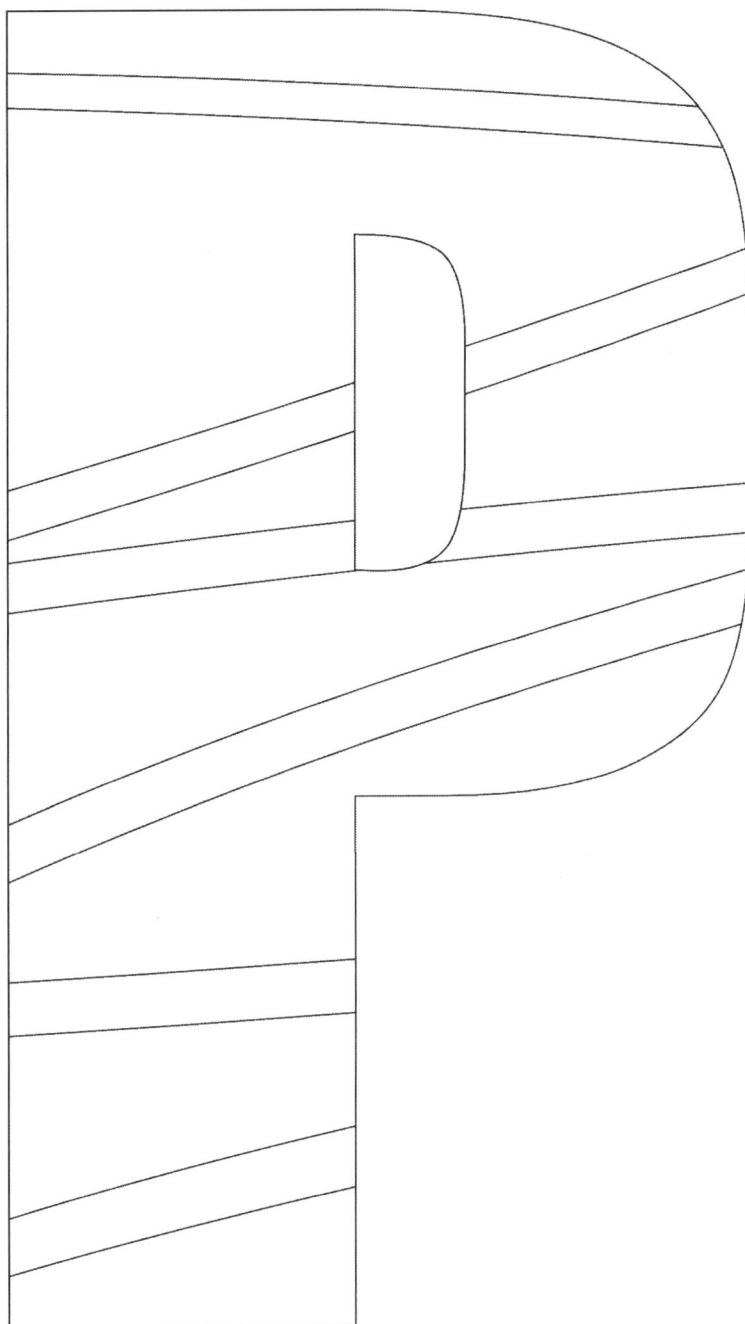

Аа Бб Вв Гг Дд Ее Ёё Жж Зз Ии Йй Кк Лл Мм Нн Оо Пп **Рр** Сс Тт Уу Фф Хх Цц Чч Шш Щщ ъ ы ь Ээ Юю Яя

Рыба

Fish

Аа Бб Вв Гг Дд Ее Ёё Жж Зз Ии Йй Кк Лл Мм Нн Оо Пп **Рр** Сс Тт Уу Фф Хх Цц Чч Шш Щщ ъ ы ь Ээ Юю Яя

C c _____

Аа Бб Вв Гг Дд Ее Ёё Жж Зз Ии Йй Кк Лл Мм Нн Оо Пп Рр **Сс** Тт Уу Фф Хх Цц Чч Шш Щщ ъ ы ь Ээ Юю Яя

Самовар Samowar

Аа Бб Вв Гг Дд Ее Ёё Жж Зз Ии Йй Кк Лл Мм Нн Оо Пп Рр **Сс** Тт Уу Фф Хх Цц Чч Шш Щщ ъ ы ь Ээ Юю Яя

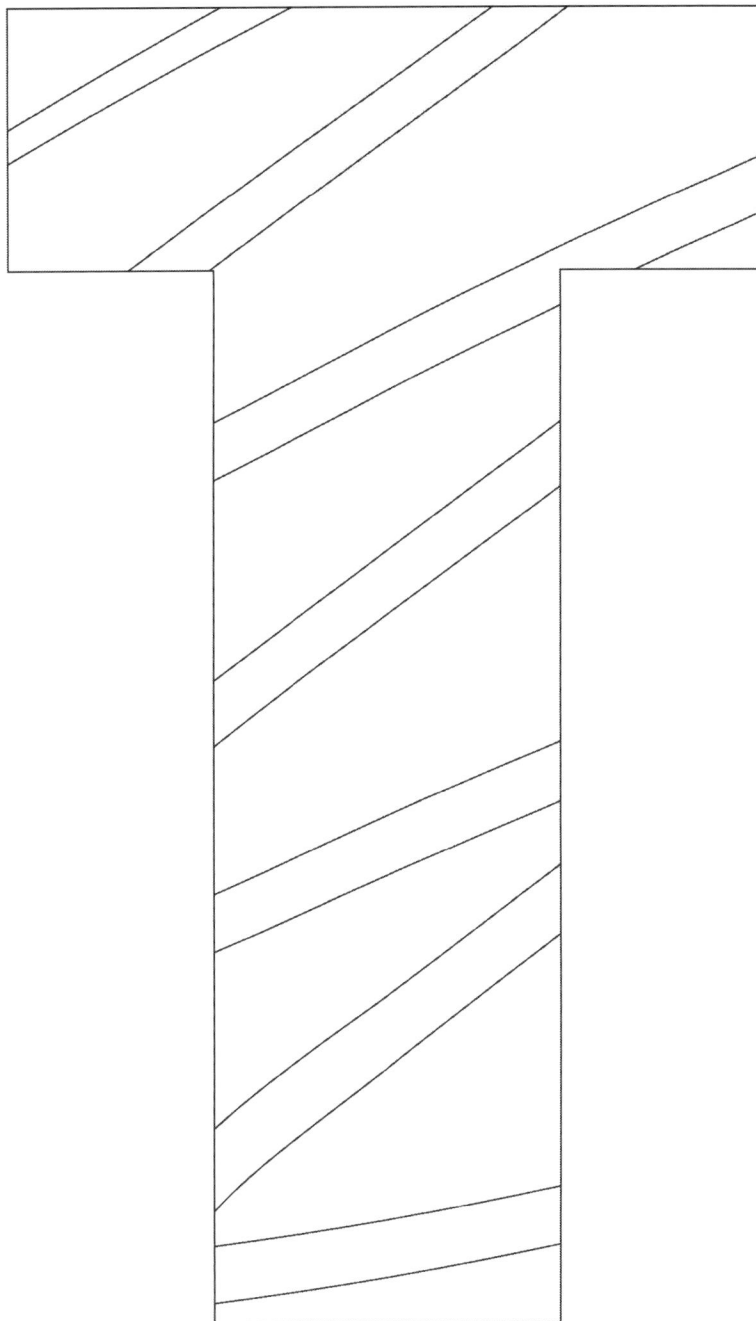

Аа Бб Вв Гг Дд Ее Ёё Жж Зз Ии Йй Кк Лл Мм Нн Оо Пп Рр Сс **Тт** Уу Фф Хх Цц Чч Шш Щщ ъ ы ь Ээ Юю Яя

Тигр

Tiger

Аа Бб Вв Гг Дд Ее Ёё Жж Зз Ии Йй Кк Лл Мм Нн Оо Пп Рр Сс **Тт** Уу Фф Хх Цц Чч Шш Щщ ъ ы ь Ээ Юю Яя

У у ___

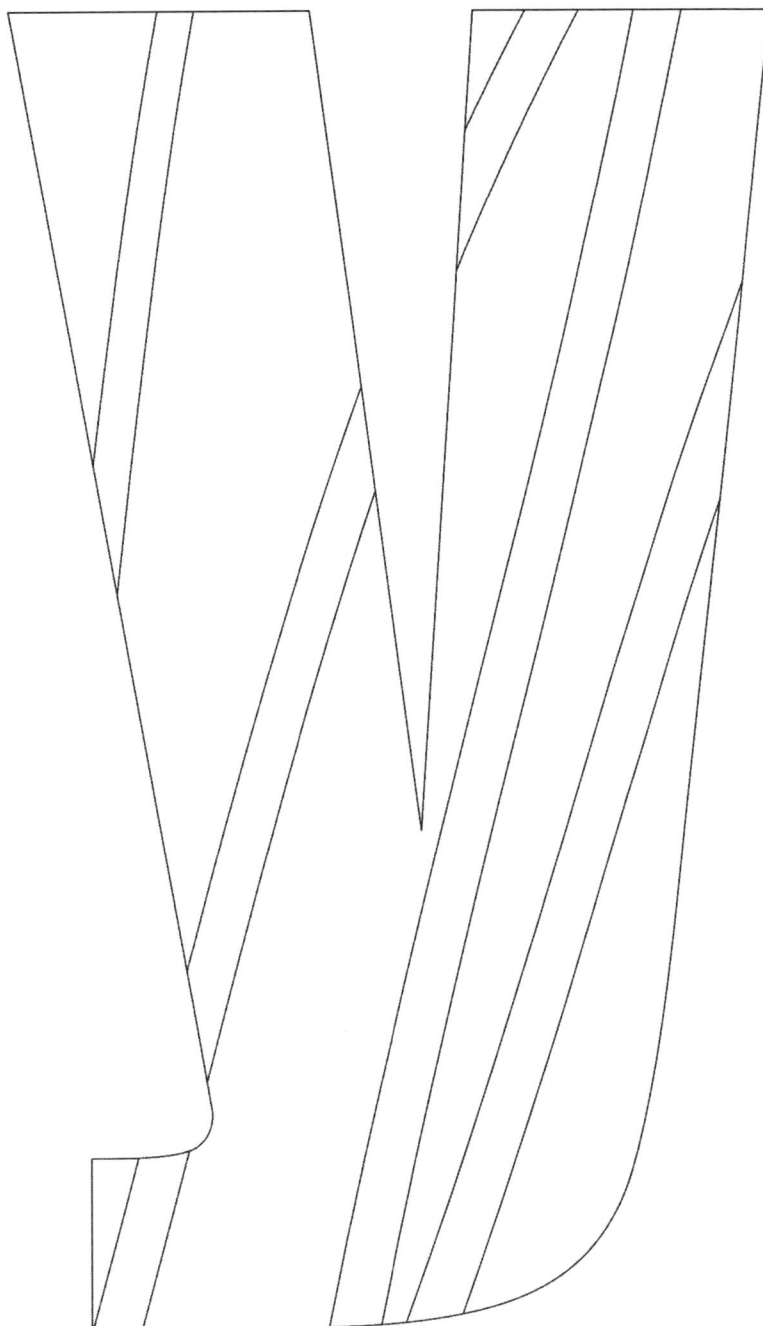

Утка

Duck

_____   _____

Аа Бб Вв Гг Дд Ее Ёё Жж Зз Ии Йй Кк Лл Мм Нн Оо Пп Рр Сс Тт **Уу** Фф Хх Цц Чч Шш Щщ ъ ы ь Ээ Юю Яя

Ф ф _____

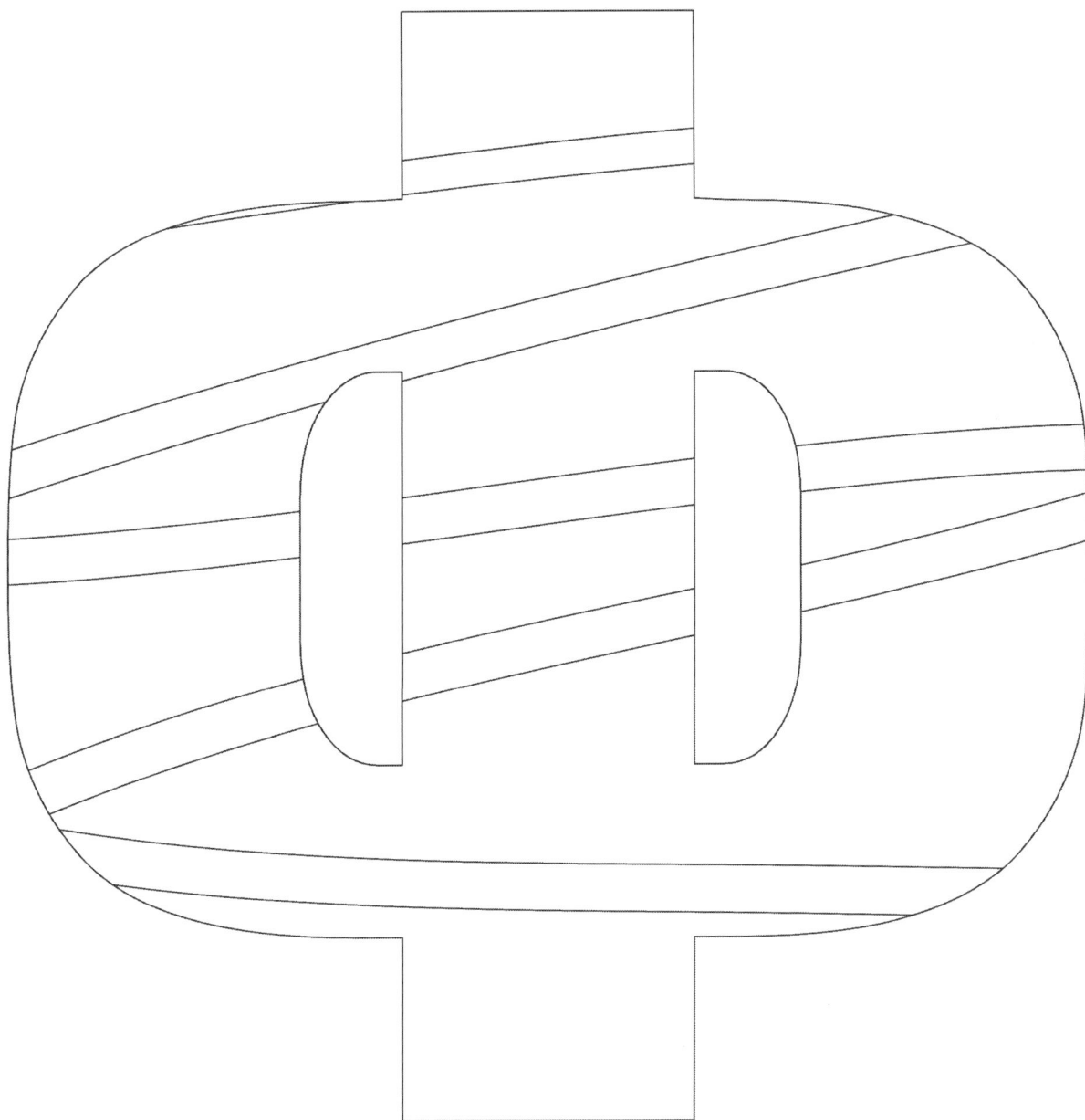

Аа Бб Вв Гг Дд Ее Ёё Жж Зз Ии Йй Кк Лл Мм Нн Оо Пп Рр Сс Тт Уу **Фф** Хх Цц Чч Шш Щщ ъ ы ь Ээ Юю Яя

Флаг

Flag

Аа Бб Вв Гг Дд Ее Ёё Жж Зз Ии Йй Кк Лл Мм Нн Оо Пп Рр Сс Тт Уу **Фф** Хх Цц Чч Шш Щщ ъ ы ь Ээ Юю Яя

Х х _____

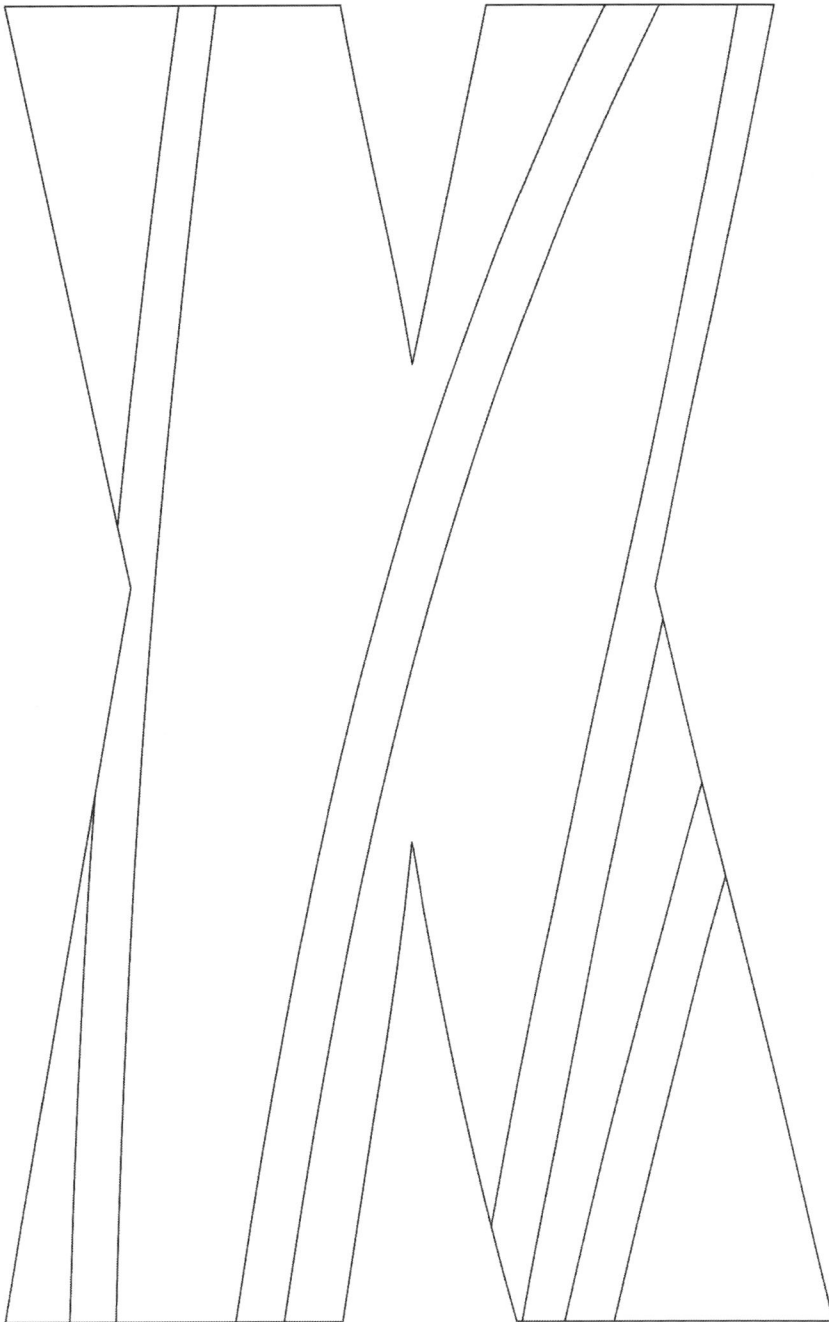

Аа Бб Вв Гг Дд Ее Ёё Жж Зз Ии Йй Кк Лл Мм Нн Оо Пп Рр Сс Тт Уу Фф **Хх** Цц Чч Шш Щщ ъ ы ь Ээ Юю Яя

Хлеб

Bread

_____   _____

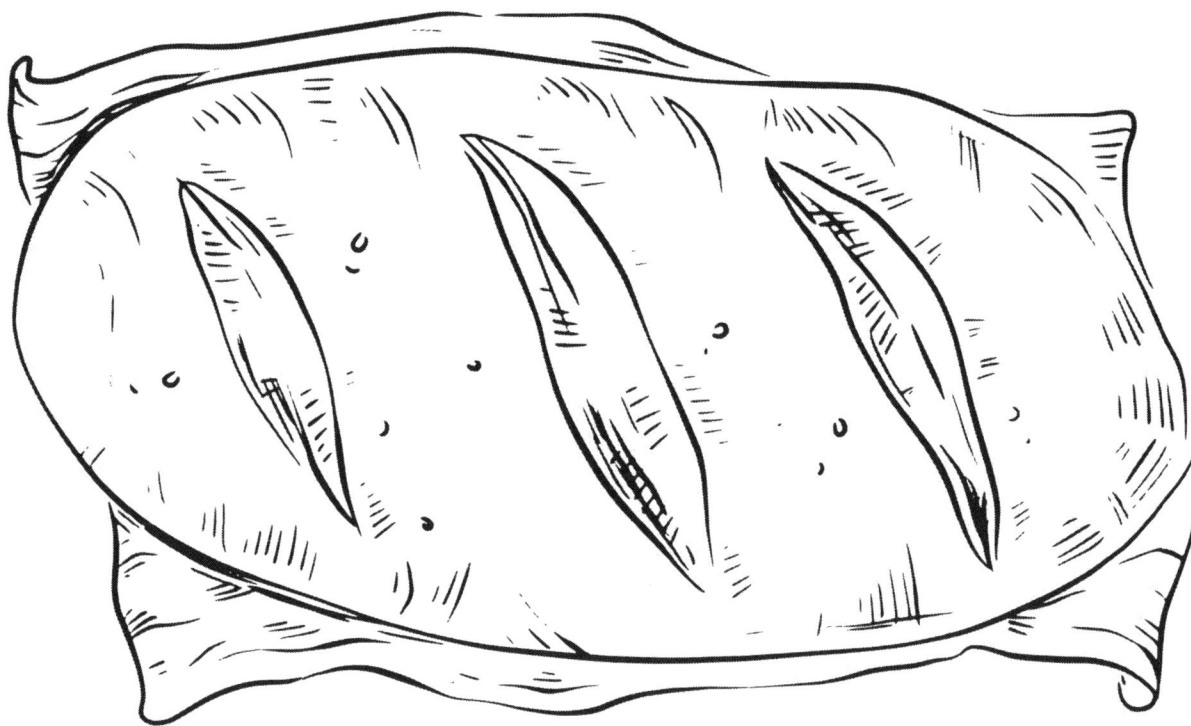

Аа Бб Вв Гг Дд Ее Ёё Жж Зз Ии Йй Кк Лл Мм Нн Оо Пп Рр Сс Тт Уу Фф **Хх** Цц Чч Шш Щщ ъ ы ь Ээ Юю Яя

Цц

Аа Бб Вв Гг Дд Ее Ёё Жж Зз Ии Йй Кк Лл Мм Нн Оо Пп Рр Сс Тт Уу Фф Хх **Цц** Чч Шш Щщ ъ ы ь Ээ Юю Яя

Цыпленок   Chicken

_____   _____

Аа Бб Вв Гг Дд Ее Ёё Жж Зз Ии Йй Кк Лл Мм Нн Оо Пп Рр Сс Тт Уу Фф Хх **Цц** Чч Шш Щщ ъ ы ь Ээ Юю Яя

Ч ч _____

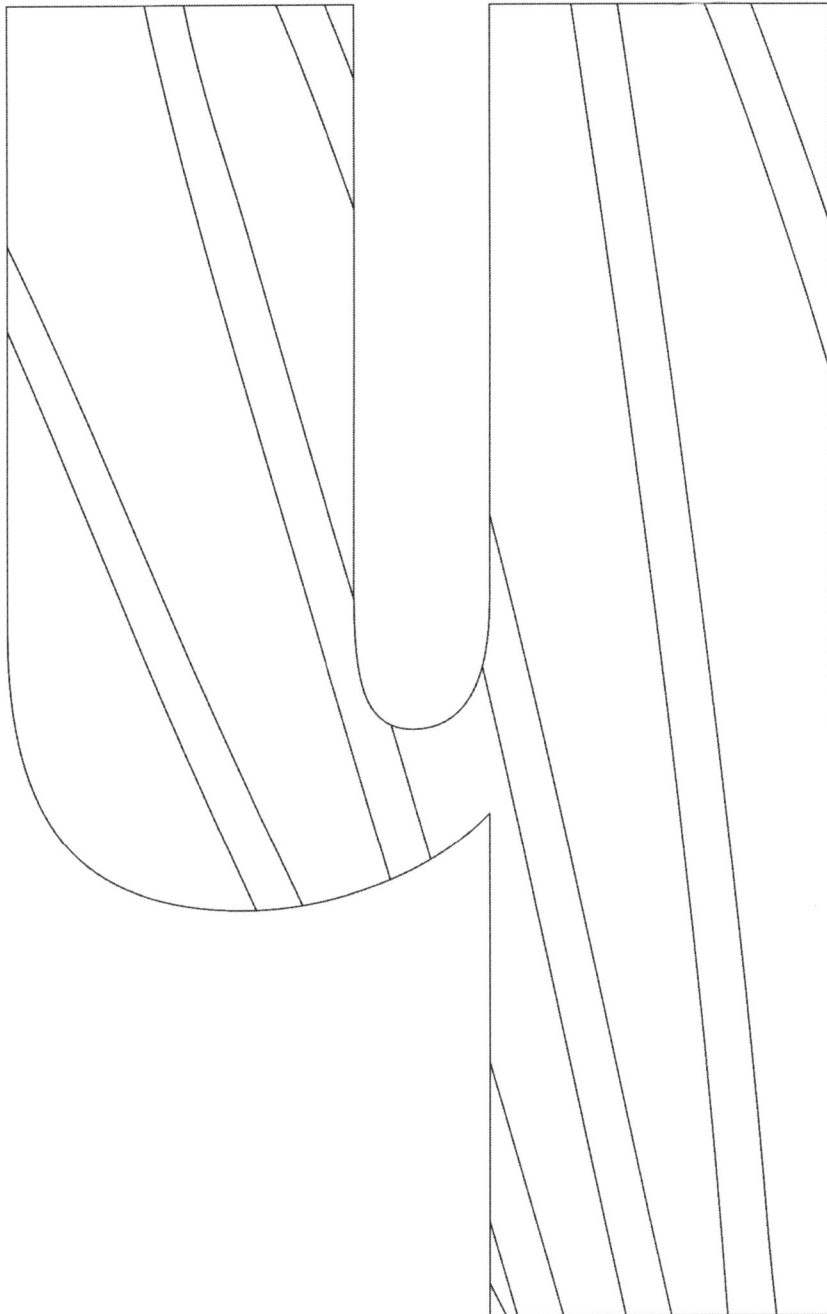

Часы

Clock

Аа Бб Вв Гг Дд Ее Ёё Жж Зз Ии Йй Кк Лл Мм Нн Оо Пп Рр Сс Тт Уу Фф Хх Цц **Чч** Шш Щщ ъ ы ь Ээ Юю Яя

Шш

Ш ш _____

Аа Бб Вв Гг Дд Ее Ёё Жж Зз Ии Йй Кк Лл Мм Нн Оо Пп Рр Сс Тт Уу Фф Хх Цц Чч **Шш** Щщ ъ ы ь Ээ Юю Яя

Школа   School

_____   _____

Аа Бб Вв Гг Дд Ее Ёё Жж Зз Ии Йй Кк Лл Мм Нн Оо Пп Рр Сс Тт Уу Фф Хх Цц Чч **Шш** Щщ ъ ы ь Ээ Юю Яя

Щ щ _____

Щенок

Puppy

Ъ

Аа Бб Вв Гг Дд Ее Ёё Жж Зз Ии Йй Кк Лл Мм Нн Оо Пп Рр Сс Тт Уу Фф Хх Цц Чч Шш Щщ **ъ** ы ь Ээ Юю Яя

Ы

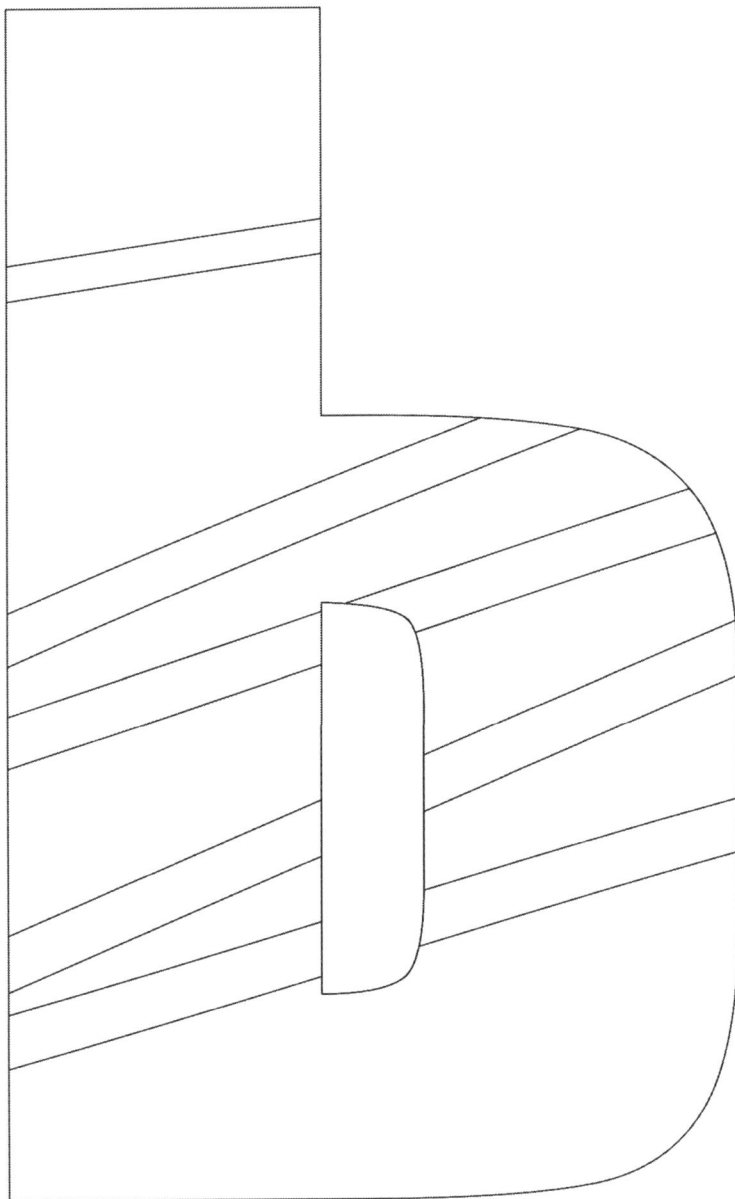 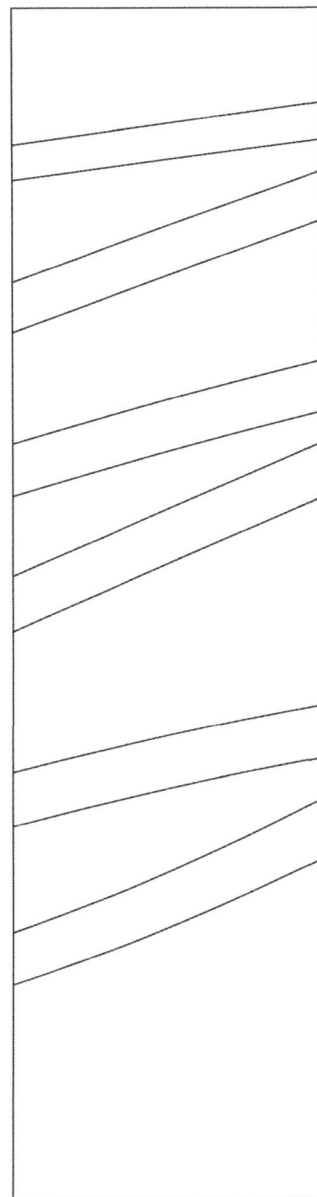

Аа Бб Вв Гг Дд Ее Ёё Жж Зз Ии Йй Кк Лл Мм Нн Оо Пп Рр Сс Тт Уу Фф Хх Цц Чч Шш Щщ ъ **ы** ь Ээ Юю Яя

ь _

Аа Бб Вв Гг Дд Ее Ёё Жж Зз Ии Йй Кк Лл Мм Нн Оо Пп Рр Сс Тт Уу Фф Хх Цц Чч Шш Щщ ъ ы **ь** Ээ Юю Яя

Ээ

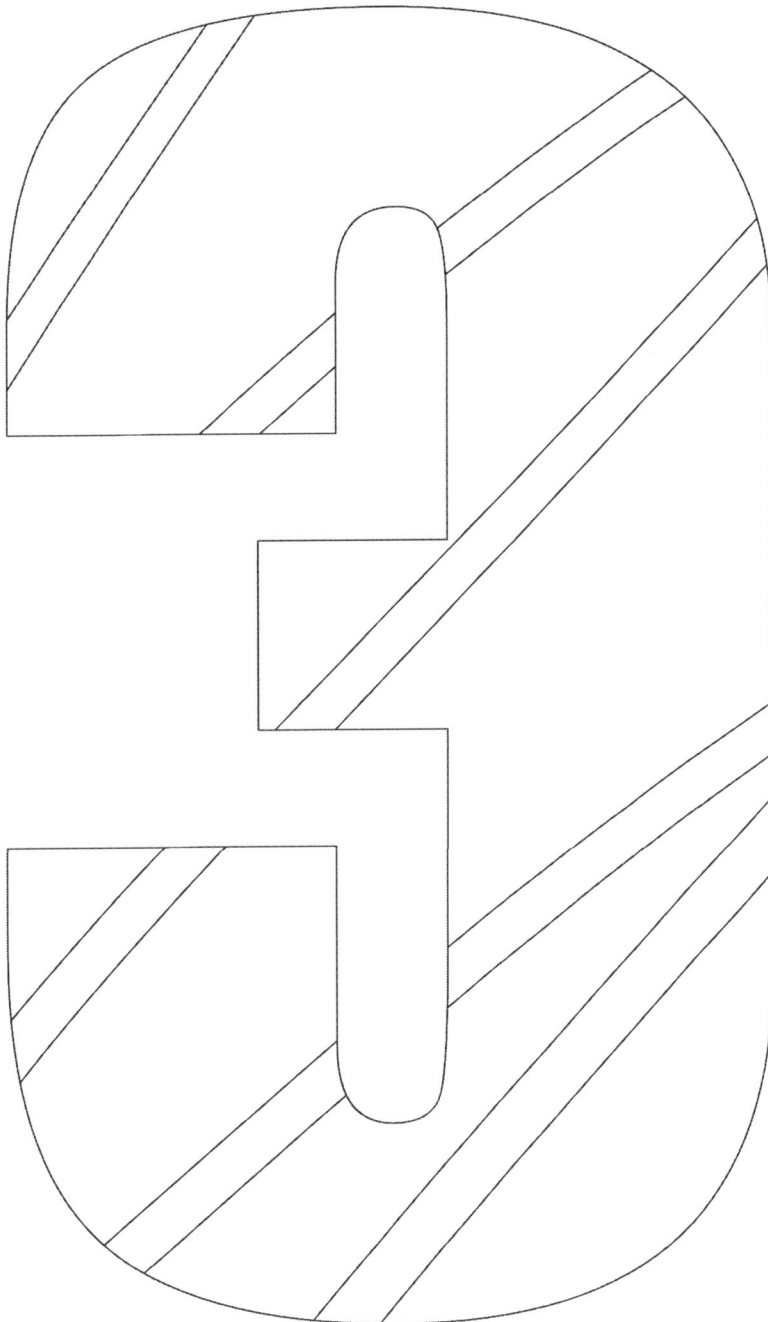

Аа Бб Вв Гг Дд Ее Ёё Жж Зз Ии Йй Кк Лл Мм Нн Оо Пп Рр Сс Тт Уу Фф Хх Цц Чч Шш Щщ ъ ы ь **Ээ** Юю Яя

Эскимос   Eskimo

_____   _____

Аа Бб Вв Гг Дд Ее Ёё Жж Зз Ии Йй Кк Лл Мм Нн Оо Пп Рр Сс Тт Уу Фф Хх Цц Чч Шш Щщ ъ ы ь **Ээ** Юю Яя

Ю ю _____

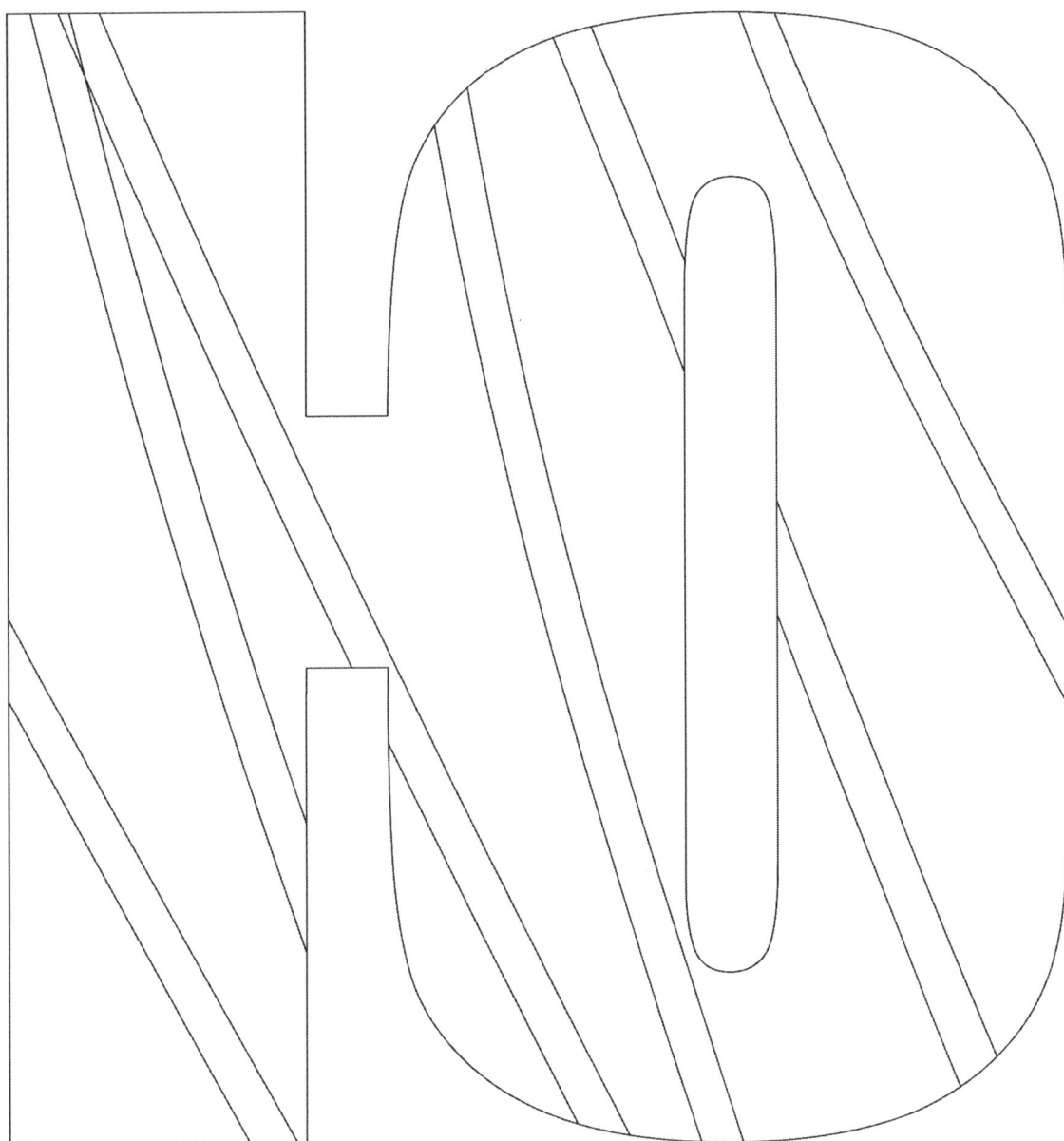

Аа Бб Вв Гг Дд Ее Ёё Жж Зз Ии Йй Кк Лл Мм Нн Оо Пп Рр Сс Тт Уу Фф Хх Цц Чч Шш Щщ ъ ы ь Ээ **Юю** Яя

Юбка

Skirt

_____   _____

Аа Бб Вв Гг Дд Ее Ёё Жж Зз Ии Йй Кк Лл Мм Нн Оо Пп Рр Сс Тт Уу Фф Хх Цц Чч Шш Щщ ъ ы ь Ээ **Юю** Яя

Я я

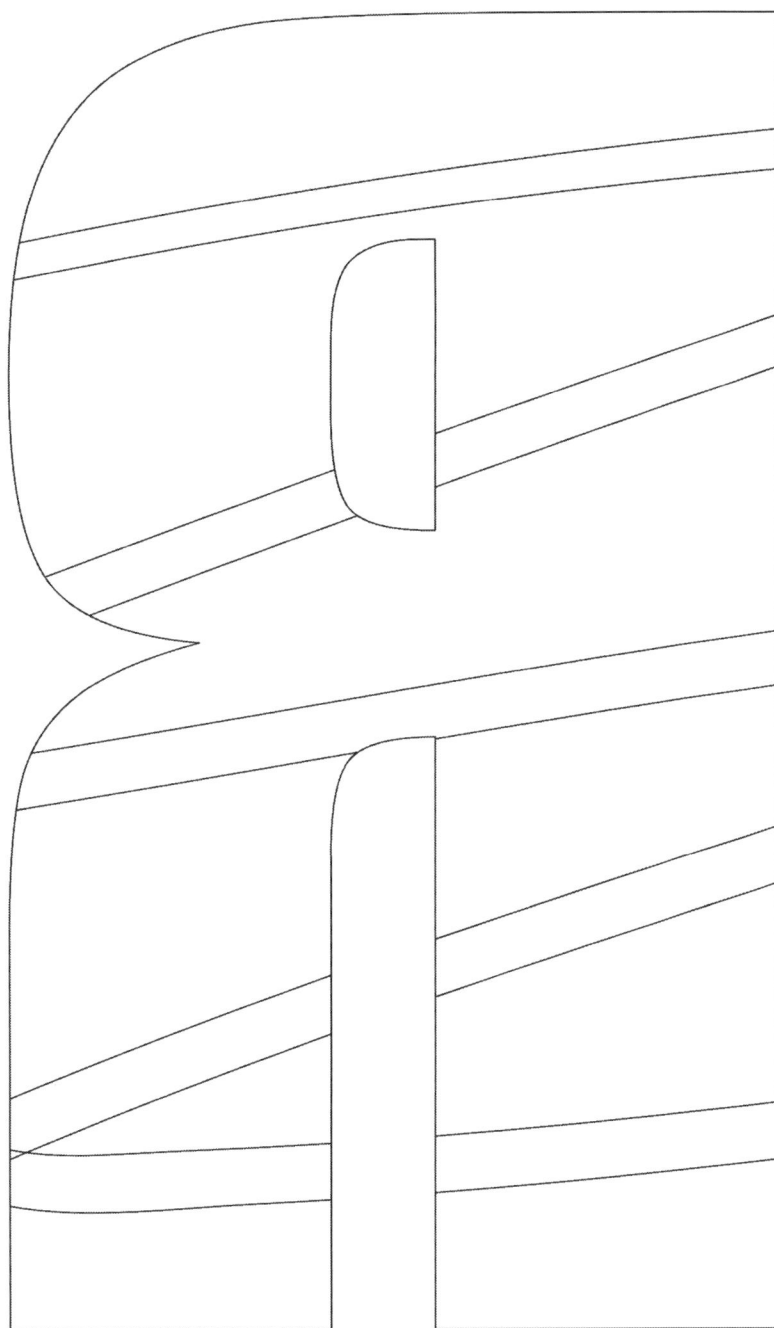

Аа Бб Вв Гг Дд Ее Ёё Жж Зз Ии Йй Кк Лл Мм Нн Оо Пп Рр Сс Тт Уу Фф Хх Цц Чч Шш Щщ ъ ы ь Ээ Юю **Яя**

Яблоко   Apple

_____   _____

Аа Бб Вв Гг Дд Ее Ёё Жж Зз Ии Йй Кк Лл Мм Нн Оо Пп Рр Сс Тт Уу Фф Хх Цц Чч Шш Щщ ъ ы ь Ээ Юю **Яя**

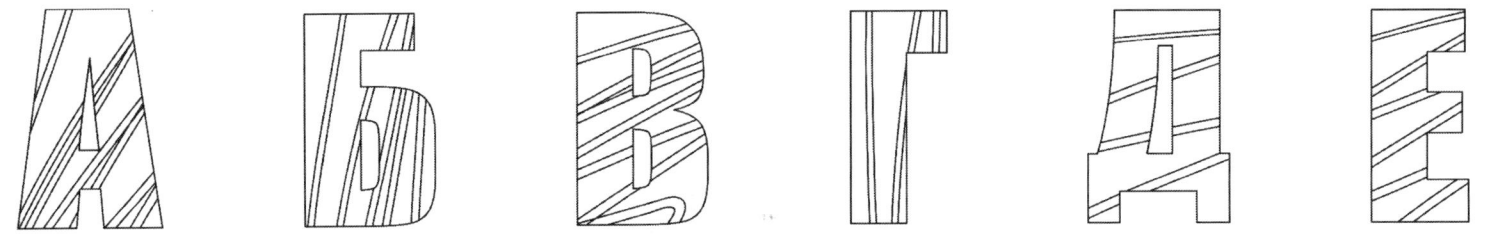

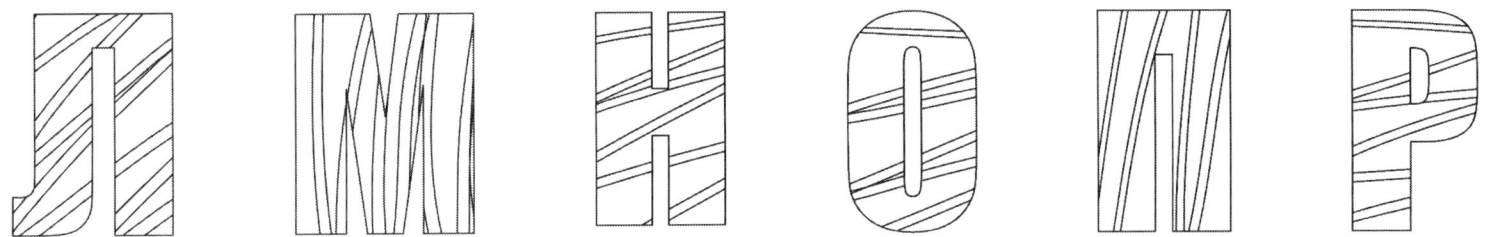

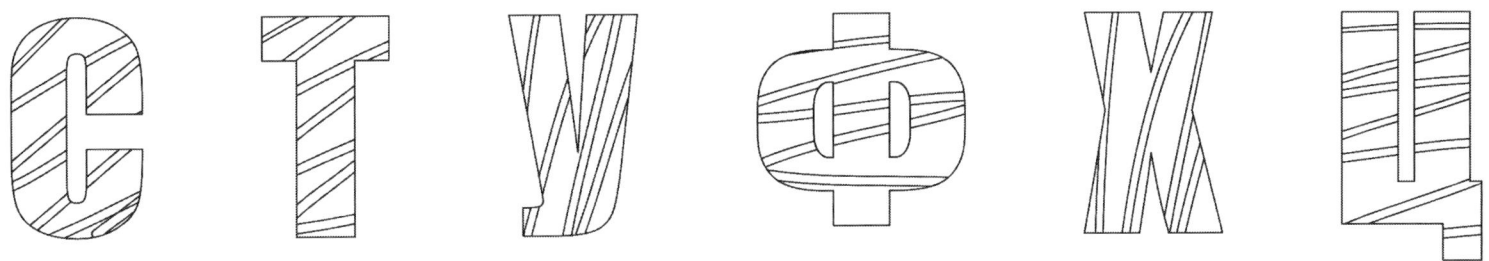

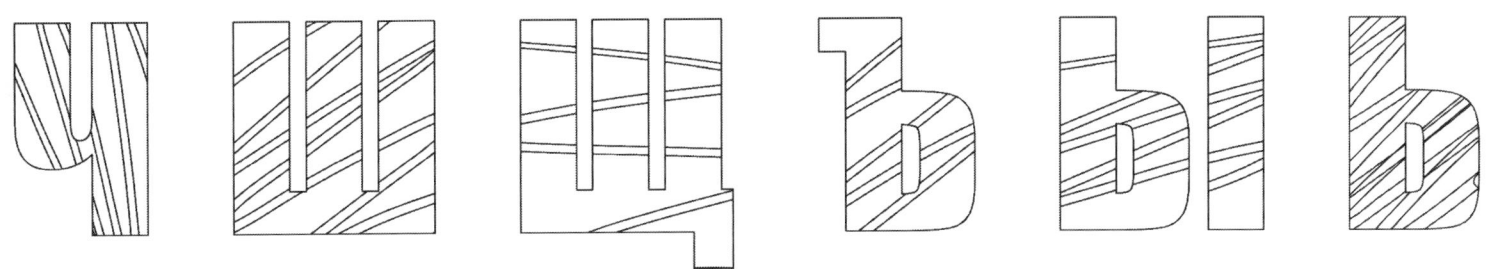

Thank you!
Большое спасибо

Thank you for your order.

We hope you enjoyed the book. We would be very grateful for a review of this book.

For more books and many other products with Russian motifs, you are welcome to visit us on Amazon.

We would be very happy :-)

RUSSIAN DESIGNS

Impressum – Legal Notice:

Eugen Wunder
Am Krienerbusch 17
33129 Delbrück
Germany
russianlifedesigns@gmail.com

Made in the USA
Las Vegas, NV
17 August 2021